बाल गणेश

बाल गणेश का जन्म

पार्वती जी के दो सेवक थे- जय और विजय।

दोनों ने उन्हें समझाया कि आपका एक ऐसा सेवक होना चाहिए जो हमेशा आपके साथ रहे।

पार्वती जी को लगता था कि शंकर जी के सारे ही सेवक उनकी सेवा के लिए हमेशा तैयार रहते हैं। इसलिए उन्होंने जय और विजय की बातों पर ध्यान नहीं दिया।

कुछ दिन बाद ।

पार्वती जी बहुत थकी हुई थीं और **निश्चिन्त** होकर सोना चाहती थीं। उन्होंने महादेव के सेवक नन्दी को अपने पास बुलाया। उन्होंने आदेश दिया-

जब तक मैं न कहूँ **किसी को अंदर आने मत देना।**

यह कहकर पार्वती जी अपने कक्ष में आराम करने के लिए चली गयीं। थोड़ी देर बाद महादेव जी किसी काम से आये। नन्दी ने महादेव जी से कक्ष में न जाने का **आग्रह** किया। लेकिन महादेव जी को कोई ज़रूरी काम था, इसलिए उन्होंने नन्दी के आग्रह पर ध्यान नहीं दिया। महादेव जी के कक्ष में आने की आवाज़ से पार्वती जी जाग गयीं। **तब पार्वती जी को लगा कि शायद जय-विजय ठीक कह रहे थे।**

जय और विजय ने उन्हें सुझाव दिया:

आप अपनी देह के उबटन से एक बच्चे की रचना करके उसमें प्राण डाल दें।

इस तरह वह आपका बच्चा होगा और सिर्फ़ आपका आदेश मानेगा।

पार्वती जी को बात पसंद आयी और उन्होंने वैसा ही किया।

इस तरह बाल गणेश का जन्म हुआ।

हाथी का सिर कैसे?

बाल गणेश के जन्म के दूसरे ही दिन पार्वती जी को किसी काम के लिए एकांत की ज़रूरत थी। इस बार उन्होंने महादेव जी के किसी सेवक के बजाय अपने बेटे गणेश को यह ज़िम्मेदारी सौंपी।

कुछ देर बाद एक ज़रूरी काम से महादेव जी घर लौटे। लेकिन बाल गणेश ने उन्हें अन्दर जाने से रोक लिया।

महादेव ने गणेश जी को बहुत समझाने की कोशिश की। लेकिन गणेश जी नहीं माने।

महादेव जी लौट गये...

महादेव ने अपने एक सेवक को कहा कि जाकर उस बच्चे को द्वार से हटाओ। सेवक पहुँचा, उसने बाल गणेश को समझाने की बहुत कोशिश की लेकिन **बाल गणेश नहीं माने।** वह भी **निराश** होकर लौट गया। इस पर महादेव जी को बहुत गुस्सा आया। उन्होंने अपने सेवकों से कहा कि उस लड़के को किसी तरह वहाँ से हटाओ।

सेवकों और गणेश जी के बीच युद्ध छिड़ गया। गणेश जी ने महादेव के सेवकों को हरा दिया।

इसके बाद सभी देवता वहाँ पहुँच गये। सबने महादेव की ओर से बाल गणेश से युद्ध किया।

फिर भी कोई भी गणेश जी को द्वार से हटा नहीं पाया।

अंततः महादेव ख़ुद युद्ध में उतरे।

महादेव ने बाल गणेश पर अपने त्रिशूल से वार कर दिया।

महादेव के वार से उनका सिर धड़ से अलग होकर ज़मीन पर गिर पड़ा।

पार्वती जी शोरगुल सुनकर बाहर आयीं। उन्होंने देखा कि गणेश जी का सिर धड़ से अलग पड़ा है!

अपने पुत्र की यह दशा देखकर माता पार्वती चीख-चीख कर रोने लगीं।

यह देखकर देवताओं को अपनी ग़लती पर पछतावा हुआ।

महादेव जी ने अपने सेवकों को कोई सिर खोजने के लिए भेजा।

जिसे कटे हुए सिर की जगह जोड़ा जा सके।

काफी खोज के बाद सेवक हाथी का सिर लेकर लौटे।

हाथी के सिर को बाल गणेश के धड़ से जोड़ दिया गया।

इसके बाद बाल गणेश फिर से जीवित हो उठे।

पहली पूजा क्यों?

एक समय की बात है, सारे देवता आपस में बहस करने लगे कि-

पहली पूजा किसकी होती है?

जब बहस विवाद में बदलने लगी तो, नारद मुनि ने देवताओं को **समाधान** के लिए महादेव जी के पास भेज दिया।

महादेव ने कहा- **एक देवता से दूसरे देवता की श्रेष्ठता**

मुँह से कहने की बात नहीं है। इसके लिए अपनी श्रेष्ठता साबित करनी होगी।

महादेव जी ने प्रस्ताव रखा-

जो देवता पूरे ब्रह्माण्ड का चक्कर लगाकर सबसे पहले लौटेगा

उसे श्रेष्ठ मान लिया जाएगा।

सारे देवता अपने वाहन पर सवार होकर दौड़ पड़े। लेकिन गणेश जी अपनी जगह से हिले भी नहीं।

थोड़ी देर बाद गणेश जी उठे और महादेव जी और माँ पार्वती जी के चक्कर लगाने लगे।

महादेव जी ने गणेश जी से पूछा कि तुम ऐसा क्यों कर रहे हो?

बाल गणेश ने कहा कि - आप और माँ पार्वती ही पूरा ब्राह्मांड हैं।

आप दोनों से बाहर कुछ भी नहीं है। सारे लोग गणेश जी के तर्क से सहमत हो गए।

उसी दिन से गणेश जी की पूजा सबसे पहले होने लगी।

बिल्ली से सीख

बाल गणेश बहुत नटखट थे। किसी दिन खेलते-खेलते उन्होंने एक बिल्ली को म्याऊँ-म्याऊँ करते सुना। उन्होंने बिल्ली को उसकी पूँछ से पकड़ लिया। धीरे-धीरे उन्होंने बिल्ली की पूँछ को ऐंठना शुरू किया। इतना कि वह दर्द के मारे छूटने की कोशिश करने लगी।

तभी बाल गणेश ने बिल्ली को हवा में उछाल दिया। वह तेज़ी से ज़मीन पर आकर गिर पड़ी।

वह घायल हो गयी। दर्द से **कराहते** हुए उठी और पहाड़ी की ओर अपने घर चली गयी।

इसके बाद गणेश जी घर लौटे। घर पहुँचकर उन्होंने माता पार्वती से भोजन माँगा।

जब पार्वती जी बाल गणेश के लिए खाना लेकर आयीं तो गणेश जी ने देखा कि

उनकी देह पर खरोचें हैं और वह दर्द से कराह रहीं हैं।

गणेश जी अपने मन में सोचने लगे-

माँ पार्वती तो संसार की जननी हैं।

किसी में इतनी शक्ति नहीं कि उन्हें इस तरह घायल कर सके।

बाल गणेश बहुत बुद्धिमान थे। उन्होंने तुरंत समझ लिया कि अगर माँ पूरे संसार की माता हैं तो हर जीव में उनका ही अंश है। जब संसार के किसी भी प्राणी को दुःख दिया जाता है तो माँ पार्वती को भी पीड़ा होती है।

इसलिए जो दर्द मैंने बिल्ली को दिया वह माँ को मिला।

इसके बाद गणेश जी ने खेल-खेल में भी किसी को दुःख नहीं दिया।

एकदन्त गणेश

किसी समय कर्तव्यवीर नाम के एक राजा से ऋषि परशुराम की लड़ाई हो गयी। कर्तव्यवीर को पराजित कर, **परशुराम भगवान महादेव से आशीर्वाद लेने के लिए कैलाश पर्वत पर आये।**

उस समय महादेव घर के अन्दर किसी काम में व्यस्त थे।

गणेश जी ने परशुराम जी को समझाने की कोशिश की कि थोड़ी देर इन्तज़ार कर लें। लेकिन परशुराम एक बच्चे द्वारा रोके जाने से क्रोधित हो गये।

उन्होंने अपना फरसा उठा लिया।

फरसा वह अस्त्र था जिसे भगवान महादेव ने ही उन्हें दिया था।

चूँकि यह फरसा पिता महादेव का उपहार था। इसलिए उसके सम्मान में गणेश जी ने उसे रोकने की कोई कोशिश नहीं की। फरसा सीधे गणेश जी के दाँतों पर पड़ा। प्रहार से उनका एक दांत टूट गया, जिससे भयंकर आवाज़ हुई।

जब महादेव जी दौड़ते हुए बाहर आये तब परशुराम को पूरी बात समझ में आयी।

गणेश जी का टूटा हुआ दाँत देखकर परशुराम जी को भी बहुत *अफ़सोस* हुआ।

अपनी ग़लती सुधारने के लिए परशुराम जी ने अपना फरसा गणेश जी को दे दिया।

तभी से गणेश जी का नाम एक दन्त भी पड़ गया।

चाँद और गणेश

एक बार की बात है, गणेश जी ब्रह्मा जी से नाराज़ हो गये। वो तरह-तरह का रूप धरकर ब्रह्मा जी को डराने लगे। एक दिन जब भगवान गणेश यह कर रहे थे तब **चाँद उन्हें देखकर हँसने लगा।**

चाँद को हँसते देखकर गणेश जी **गुस्सा आ गया** और उन्होंने चाँद को शाप दे दिया।

इस शाप से चाँद की सारी **चमक और आभा** चली गयी।

परेशान होकर चाँद देवलोक पहुँचा और देवताओं से मदद की गुहार लगाने लगा। देवता जानते थे कि गणेश जी द्वारा मिले शाप को सिर्फ़ गणेश जी ही टाल सकते हैं।

देवताओं ने चाँद को भगवान गणेश की आराधना करने और माफ़ी मांगने की सलाह दी।

भगवान गणेश चाँद की आराधना से प्रसन्न होकर उसके सामने प्रकट हुए। उन्होंने कहा -

शाप तो नहीं कट सकता। हाँ, इसे कम ज़रूर किया जा सकता है।

गणेश जी ने कहा- जाओ, पहले जैसे हो जाओ लेकिन जो भी तुम्हें चतुर्थी के दिन देखेगा उस पर चोरी का आरोप लगेगा।

तब से लोग चतुर्थी के दिन चाँद को नहीं देखते।

किसी समय संगीत के देवता शंख ने ऋषि वामदेव को क्रोधित कर दिया।

नाराज़ वामदेव ने शंख को शाप दिया- जाओ, चूहा बन जाओ।

यह सुनकर शंख उनसे दया की भीख माँगने लगा।

वामदेव को उस पर दया आ गयी। उन्होंने उसके शाप को हल्का कर दिया।

उन्होंने कहा- जाओ किसी दिन भगवान गणेश तुम्हारी सवारी करेंगे

तो तुम्हारा दुःख कम होगा।

शंख चूहे के रूप में ऋषि परासर के पास पहुँचा। उसने ऋषि के पूरे बगीचे को कुतर डाला और रसोई तक जा पहुँचा। यह देखकर परासर ऋषि ने भगवान गणेश की आराधना की। ऋषि परासर की आराधना से प्रसन्न होकर भगवान गणेश उनके सामने प्रकट हुए। इसके बाद गणेश जी ने तुरंत एक जादुई पिंजरा बनाया और चूहे को पकड़ लिया।

फँसते ही चूहे ने गणेश जी के वास्तविक रूप को पहचान लिया और ग़लती के लिए माफ़ी मँगाने लगा।

गणेश जी ने उसे माफ़ कर दिया और **आशीर्वाद स्वरूप उस पर सवारी करने लगे।**

भगवान विष्णु का शंख

भगवान गणेश को भगवान विष्णु का शंख बहुत पसंद था।

एक समय **भगवान विष्णु के कान से मधु और कैटभ नाम के दो दानव पैदा हुए।**

दोनों वेदों के मन्त्र सुन-सुनकर बहुत ताक़तवर हो गये थे।

भगवान विष्णु ने दोनों दानवों के ख़िलाफ़ युद्ध छेड़ दिया। लेकिन उन्हें हराना मुश्किल जान पड़ता था। भगवन विष्णु ने महादेव जी से रक्षा की गुहार लगायी। महादेव जी ने गणेश जी से कहा कि विष्णु जी के लिए कुछ करो। गणेश जी ने महादेव जी के आदेश का पालन किया। उन्होंने ऐसा दैवीय अस्त्र दिया कि विष्णु जी और ताकतवर हो गये। इस तरह भगवान विष्णु ने मधु और कैटभ को पराजित किया। भगवान विष्णु गणेश जी से बहुत ख़ुश हुए। उन्होंने गणेश जी

की कोई एक इच्छा पूरी करने का वचन दिया। गणेश जी ने बहुत मासूमियत से कहा, "आप अपना शंख बजाकर दिखाएँ" विष्णु भगवान गणेश जी के बाल स्वभाव पर हँसने लगे। उन्होंने अपना शंख बजाकर दिखाया। फिर गणेश जी भी प्रसन्न हो गये।

त्रिपुरासुर का अंत

किसी समय त्रिपुरासुर नाम का एक राक्षस था। वह पूरे ब्रह्माण्ड को जीतना चाहता था। विजय-अभियान शुरू करने से पहले उसने गणेश जी की आराधना की। उसने विजय के लिए उनका आशीर्वाद ले लिया।

गणेश जी का आशीर्वाद पाते ही उसने देवलोक पर आक्रमण कर दिया। देवताओं और त्रिपुरासुर की सेना के बीच भयानक युद्ध हुआ। देवतागण एक दानव में ऐसी शक्ति देखकर आश्चर्यचकित थे।

अंततः **भगवान ब्रह्मा, विष्णु और शिव देवताओं की रक्षा के लिए आये।**

लेकिन उस समय त्रिपुरासुर इतना ताक़तवर था। उसकी शक्ति के आगे देवताओं का कोई जोड़ ही नहीं था। इसलिए सारे देवी और देवता भागकर गुफाओं में छिप गये।

पहले तो शिव जी ने इस पर ध्यान ही नहीं दिया था। लेकिन थोड़ी देर बाद में ध्यान आया कि कहीं इसे गणेश जी का आशीर्वाद तो नहीं मिला है? उन्होंने ध्यान लगाकर जान लिया कि त्रिपुरासुर को गणेश जी का आशीर्वाद है, इसलिए वह अजेय हो गया है। उन्होंने सारे देवी-देवताओं से गणेश जी की आराधना करने के लिए कहा। सारे देवी-देवताओं ने वैसा ही किया। तब गणेश जी ने उन्हें आशीर्वाद दिया। देवता लोग त्रिपुरासुर को हराकर अपने-अपने स्थान लौट पाए।

गणेश जी और कावेरी नदी

बहुत समय पहले अगस्त्य नाम के ऋषि थे, वो दक्षिण भारत में रहते थे। किसी कारण पूरा दक्षिण भारत भयानक सूखे से जूझ रहा था। वह लोगों की भूख और दुर्दसा देखकर परेशान थे। उन्होंने इस अकाल से उबरने के लिए भगवान शिव की अराधना की।

भगवान शिव अगस्त्य ऋषि की आराधना से बहुत ख़ुश हुए। उन्होंने ऋषि को पवित्र जल से भरा एक **कमण्डल** दिया, और कहा कि **जहाँ इस कमण्डल का जल गिरेगा, वहाँ से एक नदी बह निकलेगी।**

इसके बाद ऋषि अगस्त्य अपनी मातृभूमि लौट आए। यहाँ वो ऐसी जगह की तलाश करने लगे जहाँ

कमण्डल का जल गिरा सकें। वह कमण्डल लेकर यहाँ-वहाँ घूमने लगे। जब वह घूमते-घूमते थक गये। वह आराम करने के लिए एक स्थान पर रुक गये। आराम के दौरान वह जैसे ही घूमे, एक कौवे ने कमण्डल में रखे जल को गिरा दिया। जहाँ से एक नदी बह निकली। ऋषि ने पलट कर देखा तो वो कौवा कोई और नही बाल गणेश थे। गणेश जी ने कहा की नदी के लिए यही उत्तम स्थान है।

कुबेर को सीख

एक समय की बात है। धन-संपत्ति के देवता कुबेर को अपने **वैभव** पर बड़ा घमंड हो गया, वो सबके सामने अपने वैभव का **प्रदर्शन** करने लगे। एक दिन उन्होंने अपना वैभव सारे देवी-देवताओं को दिखाने के बारे में सोचा। इसके लिए उन्होंने भोजन का आयोजन किया। उसने सारे देवी-देवताओं को निमंत्रित किया। अंत में वह महादेव को निमंत्रित करने कैलाश पर्वत पर पहुँचे। उन्होंने **महादेव जी को सपरिवार आमंत्रित किया।**

महादेव जी कुबेर के मन की बात जानते थे। उन्होंने कुबेर को सीख देने का फैसला किया। जैसे ही कुबेर गये। महादेव जी ने योजना बनाने के लिए गणेश जी को बुलाया।

शाम को सारे देवी-देवता कुबेर के यहाँ पहुँचे। भगवान महादेव भी पार्वती जी, कार्तिकेय और गणेश जी के साथ पहुँचे। भोजन शुरू हुआ। सब ने स्वादिष्ट व्यंजन खाने शुरू किये। कुछ देर बाद सभी देवता अपने-अपने निवास पर लौट गये। समय बीतता गया, लेकिन गणेश जी का भोजन समाप्त नही हुआ। **कुछ घंटे और बीते लेकिन गणेश जी अब भी खा ही रहे थे।** जब कुबेर ने देखा कि भण्डार खाली हो चुका है तो परेशान होने लगे।

कुबेर को अपनी ग़लती का एहसास हुआ। वह मदद के लिए महादेव जी के पास दौड़े। महादेव जी ने कुबेर को एक ग्लास पानी दिया। उन्होंने कहा कि इसे गणेश जी को पिला देना। कुबेर ने ऐसा ही किया। जल पीते ही गणेश जी का पेट भर गया। उस दिन के बाद से कुबेर ने कभी अपने वैभव का घमंड नहीं किया।

गणेश जी की खीर

किसी समय गणेश जी के मन में आया कि अपने भक्तों की **परीक्षा** ली जाए। उन्होंने एक छोटे बच्चे का रूप धरा। **वह एक चम्मच दूध और एक मुट्ठी चावल लेकर गाँव-गाँव घूमने लगे।**

वह दरवाज़े-दरवाज़े जाते। सभी से कहते कि इससे अपने हाथों का स्वाद मिलाकर मेरे लिए खीर बना दो। हर कोई उन पर हँसता और मना कर देता था।

अंततः वो गाँव के बाहर बनी एक झोपड़ी के सामने पहुँचे। उसमें एक बुढ़िया रहती थी। बाल गणेश ने अपनी बात दोहरायी। बूढ़ी औरत बहुत **दयालु** थी। उससे इतने छोटे-से बच्चे की सामान्य-सी बात को टाला न गया। वह खीर बनाने की तैयारी करने लगी। **बाल गणेश बूढ़ी औरत की दयालुता से बहुत ख़ुश हुए।** उन्होंने उस चम्मच भर खीर को छूकर, गाँव भर के लोगों के खाने जितना बना दिया। उन्होंने उस बूढ़ी औरत को वैभव और स्वस्थ जीवन का आशीर्वाद दिया।

The kid books

अनबाउंड स्क्रिप्ट का उपक्रम

बाल गणेश

प्रथम संस्करण - जनवरी, 2025

ISBN : 978-93-92088-85-8

प्रकाशक : **अनबाउंड स्क्रिप्ट**
2/41, अंसारी रोड, दरियागंज, दिल्ली - 110002
वेबसाइट : www.unboundscript.com
ई-मेल : books@unboundscript.com
फोन नं. : 011-35807601

BAAL GANESH
Retold by Kamini Gayakwad
Illustrated by Unbound Script

Printed in India

मूल्य : ₹ 199/-